Елена Боровая

Мои любимые ши-тцу и чихуахуа

Елена Боровая

Мои любимые ши-тцу и чихуахуа

Интересные факты о чихуахуа и ши-тцу, советы по содержанию и уходу, ветеринария

Bloggingbooks

Impressum / Выходные данные

Bibliografische Information der Deutschen Nationalbibliothek: Die Deutsche Nationalbibliothek verzeichnet diese Publikation in der Deutschen Nationalbibliografie; detaillierte bibliografische Daten sind im Internet über http://dnb.d-nb.de abrufbar.

Alle in diesem Buch genannten Marken und Produktnamen unterliegen warenzeichen-, marken- oder patentrechtlichem Schutz bzw. sind Warenzeichen oder eingetragene Warenzeichen der jeweiligen Inhaber. Die Wiedergabe von Marken, Produktnamen, Gebrauchsnamen, Handelsnamen, Warenbezeichnungen u.s.w. in diesem Werk berechtigt auch ohne besondere Kennzeichnung nicht zu der Annahme, dass solche Namen im Sinne der Warenzeichen- und Markenschutzgesetzgebung als frei zu betrachten wären und daher von jedermann benutzt werden dürften.

Библиографическая информация, изданная Немецкой Национальной Библиотекой. Немецкая Национальная Библиотека включает данную публикацию в Немецкий Книжный Каталог; с подробными библиографическими данными можно ознакомиться в Интернете по адресу http://dnb.d-nb.de.
Любые названия марок и брендов, упомянутые в этой книге, принадлежат торговой марке, бренду или запатентованы и являются брендами соответствующих правообладателей. Использование названий брендов, названий товаров, торговых марок, описаний товаров, общих имён, и т.д. даже без точного упоминания в этой работе не является основанием того, что данные названия можно считать незарегистрированными под каким-либо брендом и не защищены законом о брендах и их можно использовать всем без ограничений.

Coverbild / Изображение на обложке предоставлено: www.ingimage.com

Verlag / Издатель:
Bloggingbooks
ist ein Imprint der / является торговой маркой
OmniScriptum GmbH & Co. KG
Heinrich-Böcking-Str. 6-8, 66121 Saarbrücken, Deutschland / Германия
Email / электронная почта: info@bloggingbooks.de

Herstellung: siehe letzte Seite /
Напечатано: см. последнюю страницу
ISBN: 978-3-8417-7144-5

Copyright / АВТОРСКОЕ ПРАВО © 2013 OmniScriptum GmbH & Co. KG
Alle Rechte vorbehalten. / Все права защищены. Saarbrücken 2013

Мои любимые ши-тцу и чихуахуа

Оглавление стр.

Высказывания великих о собаках — 5
Класс собак — 6
Чихуахуа — отважная крошка — 8
Чтобы четвероногий друг оставался другом: выбираем породу собак — 10
Кормление чихуахуа — 13
Окрасы чихуахуа — 18
Болезни чихуахуа — 23
Приучение щенка ши-тцу к туалету — 28
Мои любимые ши-тцу: описание породы — 29
Щенок чихуахуа: мальчик или девочка? — 32
Одежда для собак: дань моде или необходимость? — 35
Чихуахуа – лучшее лекарство от депрессии — 37
Как правильно выбрать щенка чихуахуа — 39
Имя чихуахуа: делаем правильный выбор — 43
Кровать для чихуахуа — 45
Правила кормления собак — 47
Голубые страсти: чихуахуа эксклюзивного голубого окраса — 50
Что лучше: готовый корм или натуральная пища? — 52
Стоимость чихуахуа — 55

О типах чихуахуа   58
Размеры чихуахуа   61

Введение

Идея создания этой книги родилась сама собой: я являлась заводчиком чихуахуа и ши-тцу и очень часто — практически при продаже каждого щенка, мне приходилось рассказывать своим клиентам о правилах ухода за чихуахуа (ши-тцу), режиме питания, схемах вакцинации и прочих нюансах. Ведь собачки породы чихуахуа — очень нежные и хрупкие создания, требующие правильного ухода и кормления. Иногда мне приходилось писать каждому покупателю короткую памятку-инструкцию. Но в ней невозможно было подробно изложить всю полезную и нужную информацию.

Прогресс не стоит на месте: сегодня даже люди преклонного возраста осваивают компьютер и учатся находить нужную информацию в сети Интернет. Так у меня родилась идея создания собственного блога, в котором я могла бы размещать доступную для всех желающих и самое главное — для владельцев своих щенков информацию. Теперь мне не надо было читать «вводную лекцию» об уходе за щенком и тратить свое драгоценное время, которое я могла бы посвятить своим питомцам. Мне достаточно было дать человеку ссылку на свой веб-сайт. Со временем я зарегистрировала свой питомник — он получил название «Люкс Фаворит» (Украина, г. Кривой Рог, web-сайт: superdogi.ru). Я все больше узнавала о породе чихуахуа и ши-тцу и старалась делиться своим опытом и знаниями с читателями блога. Статьи я писала сама — это было для меня привычным делом, потому что по счастливому стечению обстоятельств, именно в этот период своей жизни мне приходилось работать копирайтером на биржах статей. Вот так и получилось, что в одном лице я была копирайтером и начинающим заводчиком. Именно поэтому мне, как никому другому, было несложно в интересной, доступной форме, легким языком донести читателям важные советы по уходу за чихуахуа и ши-тцу. Ведь для копирайтера важно не только умение красиво писать, но и досконально вникать в тему, разбираться в том или ином вопросе.

Темы для статей рождались сами по себе — их подсказывала жизнь моих питомцев, их проблемы и потребности: «Кормление чихуахуа», «Как правильно выбирать щенка чихуахуа», «Приучение щенка к туалету» и т.д. В качестве материала для статей я использовала собственный опыт и самую интересную, достоверную информацию из сети Интернет, в основном — опыт других заводчиков, владельцев известных питомников (за что я им очень благодарна). Эту информацию надо было по крупинкам собирать из многих источников и аккумулировать в одном месте — на страницах моего блога. Написанные статьи и стали главами этой книги — она может быть интересна для начинающих заводчиков и любителей ши-тцу и чихуахуа.

Елена Боровая

Высказывания великих о собаках

Если рядом с человеком идет собака, путь уже не кажется таким безнадежно одиноким. /Иржи Марек/

Чем больше я узнаю людей, тем больше мне нравятся собаки. /Генрих Гейне/

Единственное место в мире, где можно встретить подлинного человека — это взгляд собаки. /Ромен Гари/

Боже, помоги мне быть таким человеком, каким считает меня моя собака. /Януш Леон Вишневский/

Собаки, как и люди, бывают глупыми и умными, но люди не бывают как собаки всегда и до конца преданными. /Елена Ермолова/

Сравнить Собаку с человеком — означает нанести величайшее оскорбление всему собачьему племени или же — сделать огромный

комплимент человеку. /Джон Холмс/

Сначала бог создал человека, но, заметив его слабость, дал ему собаку. /Альфонс Туссенель/

Ни одна жена не встретит вас так, как собака! /Семён Альтов/

Вне зависимости от того, сколько у вас денег и прочих приобретений, если у вас есть собака — вы богаты. /Луи Собен/

Класс собак

В процессе разведения собак, щенки могут рождаться различного качества, причем даже в одном помете. Поэтому их условно разделяют на классы: шоу, брид и пэт. Такое разделение применимо к любой породе собак. Часть щенков отличного качества участвуют в выставках и разведении, остальные – играют роль «домашнего любимца» и служат своему хозяину в качестве компаньона.

Цена щенка напрямую зависит от его качества (класса). Опытный заводчик примерно в двухмесячном возрасте уже может прогнозировать перспективы щенка на будущее и его качество во взрослом состоянии. Чем старше становится щенок, тем легче определить его принадлежность к тому или иному классу. Иногда бывает так, что в помете вообще отсутствуют щенки шоу класса и практически не бывает таких случаев, чтобы все щенки в помете принадлежали к категории шоу.

Шоу класс – это название происходит от английского слова «show» – показ, зрелище. К этому классу относятся лучшие щенки помета, которые обладают большими выставочными перспективами. Обычно такие высокопородные щенки изначально предназначены для выставочной работы и разведения, они имеют отличную анатомию и характерный этой породе темперамент. Таких щенков заводчики стараются оставить в питомнике для дальнейшей племенной работы. Хотя они могут и продаваться, но в связи с тем, что они являются самыми престижными щенками независимо от пола, цена на них бывает достаточно высокой.

Брид класс – от английского слова «breed» — порода. Как правило, к этому классу относится большая часть рабочих сук питомника: они обладают хорошими наследственными и репродуктивными признаками.

Суки брид класса в основном используются в разведении, а при умелом и грамотном подборе кобеля, они могут давать исключительное потомство. Кобелей брид класса практически не используют в разведении и относят их к пэт классу. Цена щенка брид класса зависит от пола и его экстерьера и может быть значительно ниже стоимости щенков шоу класса.

Пэт класс – от английского «pet» – домашний любимец. К этому классу относят щенков имеющих дефекты или несоответствия стандарту породы (не характерный окрас, перекус или недокус, брак по шерсти и пр.). Эти пороки в будущем исключат участие взрослой собаки в выставках и разведении, хотя они не влияют на здоровье и качество жизни собаки. К пэт классу относят сук, имеющих слабо выраженные признаки породы и более низкое качество, чем суки брид класса. Иными словами к этому классу относят щенков, которые не представляют особой ценности для разведения и выставочной работы. К ним относятся и щенки от внеплановых вязок, не имеющие документов. Цена щенков пэт класса является минимальной.

Чихуахуа — отважная крошка

Чихуахуа – самая маленькая собачка из всех существующих пород собак. Ее вес может быть от 450 грамм до 2,7 кг, рост — примерно 23 см. Несмотря на свой миниатюрный размер, чихуахуа отличается очень смелым и отважным характером. Если посторонний человек попытается погладить собачку, она может, не раздумывая, укусить его за палец.

Чихуахуа очень дружелюбны, преданы хозяину и членам его семьи, при этом не званных гостей они отпугивают звонким лаем. Эти маленькие комнатные собачки необычайно активны, веселы, любопытны, любят общество людей. Чихуахуа очень послушны и понятливы, легко поддаются дрессировке, они редко убегают из дома, так как у них отсутствует склонность к бродяжничеству.

Для породы чихуахуа характерно разнообразие окрасов и длины шерстяного покрова. Шерсть чихуахуа не имеет специфического запаха, что является немаловажным преимуществом для содержания этой декоративной, миниатюрной собачки в квартирных условиях. Именно поэтому собак этой породы часто называют «комнатными».

Чихуахуа – изящная, стильная, веселая, необременительная в содержании, уходе и питании собачка, сегодня становится весьма популярной. Чихуахуа не требует много дополнительного места в квартире, собачка очень мало ест и благодаря своей чистоплотности может пользоваться домашним туалетом, в том случае, если у хозяина нет времени для выгула своего питомца.

Благодаря своим крошечным размерам и послушному характеру собачка является отличным компаньоном – ее можно брать с собой повсюду, она легко помещается даже в сумку. Чихуахуа хорошо переносит путешествия и длительные прогулки. Уход за шерстью животного не сложный, особенно это касается гладкошерстных собак. Чихуахуа может стать отличным другом и компаньоном, как для занятого человека, так и для одинокого пенсионера. Собачки этой породы любят детей, они могут выполнять некоторые команды.

Общение с этой обаятельной собачкой доставляет море радости и удовольствия. На любовь хозяина она всегда отвечает беззаветной преданностью. Средняя продолжительность жизни животного составляет 12 лет. Достоверно определить размер и экстерьер щенка чихуахуа можно, начиная с 5-6 месячного возраста. Покупать чихуахуа следует в профессиональных питомниках, имеющих хорошую репутацию, а не на рынке.

Чтобы четвероногий друг оставался другом: выбираем породу собак

Сегодня известно более 500 различных пород собак. Поэтому, как говорится, выбирать есть из чего. Однако чтобы сделать правильный выбор породы и позднее не разочароваться, надо четко сформулировать для себя ответы на следующие вопросы:

1. С какой целью вы хотите приобрести собаку, и для чего она вам нужна? Если вам нужна собака для охраны дома, то вряд ли вам подойдет чихуахуа или той-терьер. Маловероятно, что потенциальные воры испугаются такой собаки. Напротив, если вам нужна собака-компаньон, которую вы планируете брать с собой в поездки, на вечеринки, в гости, то следует выбирать собаку небольших размеров. Вряд ли для этих целей подойдет ротвейлер или сенбернар. Подумайте, над этим вопросом, и в зависимости от назначения вашей будущей собаки круг пород значительно сузится.

2. Ваше здоровье и физические возможности. Если вы крепкий мужчина и готовы посвятить четвероногому другу много времени — вы можете смело приобретать собаку крупных размеров. Однако если вы слишком заняты работой или часто уезжаете в командировки, то заниматься собакой придется членам вашей семьи – жене и детям. Выгуливать крупную собаку женщине или ребенку будет не под силу. К тому же пока собака не обучена – это может быть опасно для окружающих. Поэтому лучше ограничиться четвероногим другом средних размеров, таким, как пекинес, мопс, такса, спаниель и пр.

3. Размер собаки и ваш материальный статус. Понятно, что собака крупных размеров требует много дополнительного места, однако это не всегда так. Иногда подвижная активная собака, к примеру, спаниель может создавать в доме или квартире больше проблем, чем огромный

бульмастиф. Если у вас ограниченные материальные возможности, то конечно лучше остановить свой выбор на собаках мелких пород. Хотя они и капризны и часто избалованы в питании, в любом случае они очень мало едят.

4. Длинношерстная или гладкошерстная? Если у вас есть время и желание ухаживать за шерстью своего четвероногого друга – выбирайте длинношерстную собаку (йоркширский терьер, ши-тцу, спаниель, мальтийская болонка и пр.). Выглядят такие собаки красиво и эффектно. Обратите внимание на окрас собаки. Белая шерсть, конечно, красива, но хватит ли у вас терпения мыть собаку после каждой прогулки?

5. Темперамент собаки и ваш. Если вы активный человек, любящий спорт, движение, активный отдых, то и собака должна соответствовать вашим увлечениям и образу жизни. Возможно, вы будете иногда делать пробежку со своей собакой, поэтому компаньон миниатюрных размеров явно не подойдет для этих целей. Вряд ли вы захотите утром или вечером семенить трусцой рядом с пуделем или йоркширским терьером. И наоборот, если вы любите ходить в гости и на вечеринки, то активный спаниель или такса могут создать вам массу неприятностей, в отличие от собачки маленьких размеров – чихуахуа, обожающей сидеть на коленях у своих хозяев. Таким образом, круг поисков собаки подходящей для вас породы будет сужаться, и это значительно облегчит ваш окончательный выбор.

Кормление чихуахуа

Независимо от того, какой тип питания вы выберете для чихуахуа – сухие промышленные корма или натуральную пищу, кормление вашего питомца не потребует значительных расходов, так как собаки этой породы едят очень мало, буквально несколько столовых ложек за день. Попробуем разобраться в том, как правильно и чем кормить чихуахуа.

Кормление чихуахуа натуральной пищей:

Если для кормления вашего питомца вы выберете натуральную пищу, то при составлении рациона можно использовать следующие продукты:
- Мясо (говядина, телятина, конина, курятина). Один раз в неделю вместо мяса чихуахуа можно давать филе морской рыбы (кроме минтая) и субпродукты: рубец, сердце, почки, печень. Свинина не должна присутствовать в рационе питания собак этой породы. Чтобы избежать заражения сальмонеллезом, курица дается собакам в вареном виде. Не рекомендуется давать чихуахуа шкуру вареной курицы, также необходимо следить за тем, чтобы в мясе не попадались косточки и их осколки. Рыба дается собаке 1-2 раза в неделю в вареном виде, без костей.
- Крупы (рис, пшено, гречку) дают собаке в виде каши, т.е. хорошо разваренными. Иногда вместо каши можно давать макаронные изделия.

- Из кисломолочных продуктов в рацион чихуахуа можно вводить сыр домашнего приготовления, обезжиренный творог, кефир, биойогурт и ряженку. Эти продукты обеспечивают организм собаки кальцием. Для придания вкуса в кашу можно потереть твердый сыр — чихуахуа его очень любят. Молоко давать собакам этой породы не следует, оно вызывает расстройство желудка.

- Овощи лучше давать в вареном или тушеном виде. Сырые овощи можно потереть на мелкой терке и добавить в них немного растительного масла или сметаны. В таком виде овощи сохранят больше витаминов и будут легче усваиваться. Особенно полезна для чихуахуа морковь: богатая на эфирные масла, она придает красивый, яркий, здоровый вид шерсти и губительно действует на паразитов.

- Фрукты дают свежие (не консервированные), особенно полезными являются бананы и яблоки.

- Яйца вводятся в рацион чихуахуа в виде омлетов или вареные, но не чаще одного раза в неделю. Во избежание заражения сальмонеллезом, сырые яйца собачкам лучше не давать.

Примерное меню чихуахуа:

Правильно составленный суточный рацион собачки из натуральной пищи должен выглядеть примерно так:

- 2/3 части: белковые продукты;

- 1/3 часть: растительные продукты с небольшим количеством растительного масла;

- минеральные и витаминные добавки должны постоянно присутствовать в рационе питания чихуахуа, основанном на натуральной пище, в соответствии с возрастом и весом собаки.

Количество пищи зависит от возраста чихуахуа, размера собаки, ее образа жизни (активный или пассивный). Количество пищи за один прием должно составлять примерно 50-80 грамм на 1 кг. живого веса взрослой собачки. Взрослых чихуахуа кормят 2 раза в день (утром и вечером), щенков до 4-х месяцев – не реже 4-х раз в день, в возрасте 4-8 месяцев – 3 раза в день, после 8 месяцев щенков переводят на двухразовое питание.

В промежутках между кормлениями собаке можно дать погрызть косточку из бычьей кожи, бисквит для собак, специальные галеты или фрукты. Рацион беременных сук и щенков отличается от обычного рациона взрослых собак. Начиная с 6-ой недели беременности дневной рацион суки необходимо постепенно увеличить на 1/3. Рацион стареющих собак должен состоять из легко усваиваемой пищи.

Продукты, которые запрещается использовать для кормления чихуахуа: Свинина – этот вид мяса слишком жирный и создает огромную нагрузку на печень собак.

Колбасные изделия, копчености, соленья. Колбаса содержит различные добавки, пагубно воздействующие на организм собаки, к тому же колбасные изделия не могут заменить мясо.

Молоко – вызывает расстройство пищеварения. При кормлении кисломолочными продуктами также необходимо наблюдать за стулом собачки.

Не следует вводить в рацион чихуахуа бобовые (горох, кукуруза, бобы, фасоль) и капусту: для этих продуктов характерно повышенное содержание белка и фибрина (волокон), поэтому они вызывают активацию кишечной микрофлоры и приводят к вздутию живота, плохому усвоению белка, спазмам кишечника у собак этой породы. Исключение – квашеная капуста, очень полезная для чихуахуа.

Сахар, сладости, конфеты разрушают зубы собаки, нарушают процесс пищеварения, оказывают неблагоприятное воздействие на глаза чихуахуа – они начинают слезиться.

Приготовленная натуральная пища должна быть комнатной температуры (не горячей и не холодной). Вода для питья должна быть всегда свежей и качественной (очищенная с помощью фильтра или негазированная, промышленного производства). Кипяченая вода не подходит. Некачественное питье может вызывать нарушение обмена веществ вашего питомца.

Кормление чихуахуа готовыми сухими кормами

Для кормления чихуахуа лучше всего применять высококлассные качественные, полностью натуральные сухие корма: «Royal Canin», «Hills», «Orijen», «Canidae», «Eagle Pack» и пр. Их можно приобрести в специализированных магазинах. Готовые корма известных фирм отлично сбалансированы по питательным свойствам, имеют привлекательный для собак вкус, в них содержатся все необходимые витаминные и минеральные добавки. Дневная норма готового корма может быть рассчитана согласно рекомендациям фирмы-производителя. На упаковках с кормом указываются нормы потребления корма для собак различного возраста, активности, веса.

Существует ряд диетических кормов, разработанных для собак, имеющих противопоказания по состоянию здоровья. Готовый сухой корм обладает и другими преимуществами: в отличие от натуральной пищи он не портится. Сухой корм может достаточно долго храниться при комнатной температуре, поэтому его можно не убирать: питомец может при желании подкрепиться и во время отсутствия своего хозяина. Кроме этого, употребление сухого корма способствует удалению зубного камня, к образованию которого склонны чихуахуа.

Готовые корма могут быть сухими – в виде гранул, их можно давать в размоченном виде. К готовым кормам относятся и консервы для собак, изготовленные из мясных продуктов — их дают чихуахуа в чистом виде или в смеси с растительной пищей или сухим кормом.

При кормлении чихуахуа сбалансированными сухими готовыми кормами минеральные и витаминные добавки собачкам давать не нужно. Очень важное условие: у питомца должен быть постоянный доступ к свежей чистой воде. Можно применять смешанное питание. К примеру, утром – давать собаке сухой корм, а вечером – натуральную пищу (свежие фрукты, вареные овощи, кисломолочные продукты, вареное или свежее мясо).

Окрасы чихуахуа

Согласно принятому стандарту породы чихуахуа допускаются всевозможные окрасы шерсти, т.е. брак по окрасу не предусмотрен. Однако Российская Кинологическая Федерация установила список окрасов чихуахуа, в соответствии с которым определяется цвет новорожденных щенков.

Перечень окрасов чихуахуа Национального Клуба Породы:
черный

белый
рыжий
голубой
палевый
черно-подпалый
коричневый
бело-черный
черно-белый
коричнево-подпалый
бело-коричневый
коричнево-белый
бело-рыжий
рыже-белый
трехцветный
палево-белый
бело-палевый
голубо-белый
бело-голубой
голубо-палевый
палево-черный
палево-голубой
песочный
бежевый

олений

бело-соболиный

соболиный

золотистый

кремовый

черно-рыжий

черно-палевый

золотисто-черный

золотисто-белый

золотисто-палевый

соболино-белый

бело-тигровый

бело-кремовый

тигрово-белый

шоколадно-подпалый с белым

шоколадно-белый

шоколадный

кремово-белый

коричнево-соболиный

бело-шоколадный

рыже-коричневый

шоколадно-подпалый

серо-шоколадный

красно-соболиный
палево-соболиный
бело-кремовый
рыже-соболиный
голубо-соболиный
голубо-подпалый
серо-кремовый
абрикосовый
бежево-подпалый
бело-бежевый
тигровый
бело-тигровый
бело-золотистый
абрикосово-белый
бежево-белый
черно-тигровый
платиновый
рыже-черный
песочно-белый
черно-тигровый с белым
черно-коричневый
коричнево-тигровый
изабелловый

шоколадно-голубой

кремово-голубой

изабеллово-белый

голубо-палевый с белым

палево-шоколадный

голубо-тигровый

серый

палево-соболиный с белым

рыже-соболиный с белым

тигрово-голубой.

Наиболее распространенные окрасы чихуахуа: палевый, рыжий, кремовый, соболиный и их оттенки. Заводчиками проводится селекционная работа, направленная на получение необычных, редких окрасов шерсти. Одним из наиболее популярных и желанных является «шоколад» и его оттенки, начиная от молочного шоколада и заканчивая горьким. Тигровый окрас чихуахуа также пользуется большой популярностью: желтые пятна на рыжей или темной шерсти. Наиболее редкими являются лиловые, голубые, изабелловые окрасы чихуахуа.

Особо надо выделить окрас Мерле. Выглядит такой окрас очень эффектно и необычно и пользуется повышенным спросом у покупателей собак этой породы. Однако ген Мерле, который обеспечивает такой окрас, обуславливает предрасположенность животных к слепоте, глухоте, а также различным патологиям развития репродуктивной, костной системы и сердца.

Некоторые заводчики чихуахуа, пользуясь повышенным спросом и высокой ценой на собак с окрасом Мерле, продолжают разводить таких чихуахуа, не взирая на официальный запрет РКФ. В итоге покупатель рискует приобрести красивого, эффектного, но больного щенка, имеющего проблемы со здоровьем.

Ни одна порода собак не имеет такого разнообразия окрасов, начиная от белого, абрикосового и голубого и заканчивая коричневым, шоколадным и черным. Поэтому не рекомендуется выбирать щенков окраса Мерле, не свойственного чихуахуа. Лучше выбрать щенка любого другого окраса, который будет здоровым.

Болезни чихуахуа

В целом чихуахуа не имеют каких-либо особых проблем со здоровьем. Однако, как и у любой породы собак у них встречаются определенные заболевания – врожденные или приобретенные. Не стоит пугаться: не все собаки этой породы страдают этими заболеваниями, но все же стоит принять во внимание эту информацию. Она поможет вам в выборе здорового щенка, грамотному общению с заводчиком, а также подскажет на что надо, прежде всего, обращать внимание на протяжении жизни вашего питомца.

Приобретая щенка чихуахуа в питомнике с проверенной репутацией, вы можете быть уверены, что ваш питомец здоров, у него отсутствуют глисты, ему сделаны необходимые профилактические прививки по возрасту. Ответственные заводчики используют для разведения только зрелых, физически здоровых собак. Они проверяют производителей на наличие у них генетических заболеваний, характерных для этой породы собак, к примеру, таких, как тазобедренная дисплазия.

Собаки породы чихуахуа могут страдать такими заболеваниями:

- Тазобедренная (локтевая) дисплазия является распространенной проблемой для многих собак мелких пород. Возникает она в результате неправильного расположения бедренной кости, большой берцовой кости и коленной чашечки. Результатом этого расстройства является хромота или «подскакивающая» походка собаки. Тазобедренная дисплазия — это врожденное заболевание, однако его проявления становятся заметными гораздо позднее, когда щенок подрастет. Существует четыре степени тяжести этого заболевания. При первой степени (эпизодическая дисплазия) возможна временная хромота собаки. При четвертой степени тазобедренной дисплазии искривление берцовой кости настолько существенно, что колено собаки невозможно разогнуть, лапы имеют вид «колеса». При серьезной локтевой дисплазии может потребоваться хирургическое вмешательство.

- Гипогликемия — это заболевание заключается в пониженном содержании сахара в крови у щенков. Оно легко поддается лечению на ранних стадиях, но при отсутствии лечения приводит к летальному исходу заболевшего щенка. Гипогликемия возникает у щенков чихуахуа при отсутствии жирового запаса для производства необходимого количества глюкозы. Такое состояние возникает у щенков, если они не регулярно или недостаточно питаются. Если у щенка началась гипогликемия, он становится медлительным, вялым, его десны и язык становятся серовато-синими, может возникать вздрагивание животного. При возникновении такой критической ситуации, щенку надо положить под язык капельку меда и срочно доставить к ветеринару. При отсутствии лечения у него начнутся судороги, щенок впадет в кому и погибнет.

- Сердечные шумы могут быть следствием нарушения кровотока по камерам сердца. Сердечные шумы могут свидетельствовать о наличии порока сердца или других нарушений работы сердца чихуахуа. Сердечные шумы различаются по силе: первый класс – это слабые сердечные шумы, пятый – соответственно очень сильные. Если у собаки обнаружены сердечные шумы, которые подтверждаются эхокардиограммой или рентгеном, ей необходимо обследование и лечение. Это расстройство может лечиться с помощью медикаментов, специальной диеты, а также путем уменьшения физической нагрузки.

- Стеноз лёгочного ствола – наследственная болезнь сердца, которая появляется в результате деформации легочного клапана и нарушения движения крови через сердце, вызывающих тромбоз. При наличии этого заболевания сердце собаки должно сокращаться сильнее, его размер увеличивается и возникает сердечная недостаточность. Успех лечения зависит от тяжести заболевания. При слабой выраженности стеноза легочного ствола тромбоз не возникает или наблюдается незначительный тромбоз. В этом случае лечение не обязательно. Если заболевание происходит в тяжелой форме – рекомендуется незамедлительное хирургическое вмешательство. Сложность процедуры зависит от места закупорки сосудов.

- Спавшаяся трахея – причины и процесс возникновения этого заболевания до конца не изучены. Оно заключается в следующем: быстрое вдыхание воздуха вызывает схлопывание трахеи, что в свою очередь затрудняет попадание воздуха в легкие собаки. Это явление можно сравнить с тем, как уплощается соломинка, если через нее слишком энергично пить воду. Заболевание передается по наследству. Оно проявляется у некоторых пород собак, в том числе и чихуахуа. У собак, имеющих это нарушение, наблюдается отклонения в химическом составе трахеальных колец: они теряют жесткость и способность сохранения нормальной формы.

- Гидроцефалия — заболевание, которое возникает из-за врожденных дефектов, родовых травм или тромбоза: спиномозговая жидкость накапливается в головном мозге, оказывая на него давление. Голова собаки, страдающей гидроцефалией, выглядит припухшей, ненормально увеличенной. Диагноз подтверждается ультразвуковым исследованием. Эффективных средств для лечения этого заболевания не существует, однако на ранних стадиях заболевания стероиды могут снижать давление жидкости на головной мозг собаки. Для уменьшения давления жидкости на головной мозг может применяться шунтирование – отвод жидкости в брюшной отдел. Щенки, имеющие тяжелую форму заболевания, обычно не доживают до четырехмесячного возраста.

- Открытый родничок – щенки чихуахуа рождаются с мягким участком в верхней части черепа. Обычно в процессе роста родничок закрывается так же, как у грудных детей. Однако иногда процесс закрытия родничка может не произойти окончательно. С собаками, имеющими открытый родничок, надо обращаться очень бережно – случайный удар по голове может стать для них смертельным.

- Дрожание – распространенное явление для собак породы чихуахуа.

Причины дрожания или вздрагивания окончательно не выяснены, но часто они могут возникать в том случае, если собака замерзла, взволнована или испытала стресс.

Приучение щенка ши-тцу к туалету

После появления в вашем доме щенка ши-тцу обратите внимание на то, куда он сходит в туалет — обычно щенок ши-тцу выбирает определенное место. Именно туда положите газету, памперсную пеленку или тряпочку. Когда вы заметите, что ваш питомец сходил в туалет на пеленку (тряпочку, газету) — похвалите его. Щенки ши-тцу хорошо воспринимают похвалу и положительные интонации голоса своего хозяина.

В течение нескольких дней щенок будет привыкать к пеленке, а вы должны обязательно хвалить его каждый раз, когда он правильно сделает свое дело. Если ваш питомец сходил мимо пеленки, поругайте его, чтобы он понял связь между вашей недовольной интонации и своим поступком. После этого отнесите его к месту щенячьего туалета и поощрительной интонацией голоса и поглаживанием покажите, что туалет находится здесь, и если щенок будет ходить сюда — это хорошо.

Конечно, приучение щенка ши-тцу к туалету не произойдет сразу — надо проявить немного терпения. В основном щенки ши-тцу довольно понятливы и быстро приучаются к пеленке. Не забывайте, что ругать щенка можно только в момент совершения «преступления», чтобы он понимал связь между вашей негативной реакцией и своими действиями. Если вы будете ругать щенка спустя какое-то время, он не поймет, за что его наказывают, и воспитательный эффект не будет достигнут.

Мои любимые ши-тцу: описание породы

Описание стандарта породы ши-тцу в Пекинском Кеннел-клубе: «Львиная голова, медвежий торс, верблюжья ступня, хвост – как метелка для сметания пыли, ухо – как пальмовый лист, зубы – как зерна риса, язык – как жемчужный лепесток, движения – как у золотой рыбки».

Ши-тцу — удивительная собачка небольшого размера. Она может быть живой игрушкой в хорошем понимании этого слова, верным, деликатным другом, великолепным украшением дома, лекарством от стрессов, одиночества и тоски. Эта собачка — полноценный член семьи, личность, ожившая легенда. Она умна, многогранна, но самое главное свойство ши-тцу заключается в том, что эта собачка обладает великолепной, удивительной аурой, распространяющей вокруг себя умиротворение. Именно поэтому собаки этой породы являются живительным эликсиром нашей души, часто истерзанной стрессами и проблемами. Ши-тцу свернется пушистым, теплым комочком в вашем сердце и всю свою жизнь будет согревать вашу душу, озарять ее присущим только этой собаке светом покоя и добра.

Как только это милое существо появится в вашем доме, вас навсегда покинут такие «пороки», как злость, разочарование, сомнения и печаль. Вас навсегда покорит умный, добрый, проницательный взгляд из-под длинных ресниц. Ши-тцу будет умилять и удивлять вас на каждом шагу, то, изображая из себя умудренную жизненным опытом собаку, то игривого маленького «чертенка» или танцующую мягкую игрушку. Тем не менее, эта собака никогда не бывает навязчивой: обладая врожденным чувством такта, она очень четко определяет, кем и когда ей быть. Она никогда не ошибется и не разочарует своего хозяина своим поведением. Не зря ши-тцу так популярна во всем мире. Удивительный характер собаки много веков назад по достоинству оценили императоры, а сегодня — многие наши современники.

На протяжении веков это добрейшее, милое существо окружали легендами и обожествляли. Ши-тцу — это, прежде всего, культовая собачка. Ее образ и сегодня является олицетворением буддийского льва — древнего символа Китая и Тибета, приносящего счастье и удачу, хранящего покой и благополучие семьи. Ши-тцу, несмотря на свои небольшие размеры, издавна была символом могущества и власти, любимицей императоров Китая.

Особенности характера и поведения ши-тцу

Китайцы характеризуют ши-тцу как бойкую, безгранично смелую, дерзкую, но не агрессивную, не жаждущую борьбы собачку. Ши-тцу должна проявлять гордость и благородство, она не должна отступать и проявлять трусость при контактах с другими собаками или двигаться, поджав хвост. При описании породы ши-тцу американцы используют довольно меткое прилагательное — «заносчивая». Гордое поведение ши-тцу обусловлено ее благородным происхождением. Эта собачка очень внимательная, живая, самоуверенная. Ши-тцу умна и сильно привязана к своему хозяину. Ее идеальное окружение — семья, в которой она является полноправным членом. Поэтому довольно часто ши-тцу можно увидеть лежащей в типичной манере — распластавшись на животе, с вытянутыми назад и вперед лапками.

Щенок чихуахуа: мальчик или девочка?

Нередко люди, решившие приобрести щенка полюбившейся им породы, сомневаются в вопросе выбора пола будущего питомца. На самом деле, непосвященному человеку трудно разобраться самостоятельно во всех нюансах и определиться: кого купить — мальчика или девочку. Попробуем вместе разобраться в этой ситуации на примере чихуахуа, ведь каждый будущий владелец собаки должен знать об особенностях поведения мальчиков и девочек чихуахуа, чтобы сделать правильный выбор.

Девочки чихуахуа

Отличительная особенность девочки — периодическое наступление (1-2 раза в год) так называемой течки. Длится она обычно 10-14 дней. Особых проблем с девочкой чихуахуа у вас в этот период не должно быть. Но если вы позволяете собачке спать в вашей кровати — она может испачкать постельное белье. Чтобы избежать этих несущественных проблем в период течки можно надевать вашей любимице специальные трусики. Еще один вариант выхода из этого положения – поместите собачку в вольер или помещение, в котором отсутствует мягкая мебель и кровати. Из-за крошечного размера чихуахуа течки у них не такие обильные, как у собак крупных пород. Некоторые собачки настолько чистоплотны, что хозяин может даже не заметить течки. Чихуахуа тщательно следят за своей гигиеной в эти дни, поэтому нередко наступление течки можно определить только по увеличившейся петле.

Многие будущие владельцы чихуахуа не хотят приобретать девочку, делая свой выбор в пользу мальчиков, только потому, что не имеют времени для ухода за беременной собакой и будущим потомством. Но девочку чихуахуа не обязательно вязать, беременность и роды собак мелких пород не способствуют улучшению их здоровья. Напротив: материнство может иногда даже грозить опасностью для жизни собачки.

Будет ли девочка чихуахуа ходить в туалет на лоток или газетку? Ответим сразу: это зависит только от вашего терпения и настойчивости. Вообще чистоплотность щенка не связана с его полом, она часто является следствием регулярного приучения щенка к домашнему туалету.

Основное преимущество девочек чихуахуа, на мой взгляд, заключается в том, что они мельче по размерам, чем мальчики, более ласковы, имеют миловидные, тонкие черты внешности. Хотя довольно часто встречаются и ласковые мальчики — это зависит от воспитания и многих других факторов. Иногда ласковые суки чихуахуа могут резко изменить свое поведение в период течки, беременности и выкармливания потомства. И вы можете не узнать свою ласковую девочку-лизунью, которая, став матерью, начинает вести себя настороженно и неприветливо. К счастью — это временное явление.

Мальчики чихуахуа

Мальчики, как и положено настоящим мужчинам, отличаются повышенной активностью, любознательностью. Как и все кобели, независимо от породы, они могут в полном смысле слова «потерять» голову при виде особы противоположного пола, особенно в период течки. Вы должны быть к этому готовы: выгуливайте своего маленького Ромео только на поводке. Иногда мальчики могут начать метить территорию в квартире. Это может произойти с кобелем чихуахуа, если он был приучен к домашнему туалету, но долгое время находился за пределами квартиры, например, на даче, где никто не ограничивал его поведение. Помогут избавиться от этой привычки длительные, регулярные прогулки на свежем воздухе.

Если вы приучаете своего щенка чихуахуа (мальчика) к домашнему туалету, то в возрасте примерно 6 месяцев ему понадобится специальный лоток со столбиком. В это время щенок начнет задирать заднюю лапку, к тому же лоток поможет ему удовлетворять природный инстинкт метить территорию в нужном месте. А в целом, можно с уверенностью сказать, что чихуахуа — очаровательные, уравновешенные, безобидные, преданные собачки и независимо от пола они отлично уживаются в квартирных условиях.

Одежда для собак: дань моде или необходимость?

Первые магазины по продаже одежды и аксессуаров для четвероногих питомцев появились в 20-30-х годах прошлого столетия. В таких бутиках можно было приобрести модную одежду, обувь, головные уборы и аксессуары для собак. Однако мода на украшение собак уходит корнями в далекое прошлое.

В настоящее время собачьей модой увлекаются знаменитости Запада и Америки. В США периодически проходит парад собачьей моды. А в

Японии обожают изысканных гламурных собак. В этой стране существует множество собачьих салонов красоты. В них владельцы собак могут сделать своему питомцу прическу, маникюр и проколоть уши.

Сегодня собачья мода становится популярной и у нас. На самом деле одежда для собак — это не просто прихоть богатых людей. Некоторые породы собак, особенно гладкошерстные, плохо переносят холод, а климат умеренных широт для них является слишком суровым. К таким породам собак относятся чихуахуа, той терьер, китайская хохлатая и другие. Иногда одежда просто необходима собаке, перенесшей операцию, к примеру, кесарево сечение: она поможет оградить рану от попадания инфекции.

Довольно часто одежда (комбинезон, дождевик или плащ) необходима собакам с длинной шерстью. Если на улице сыро и грязно, собаку после прогулки придется мыть, сушить и расчесывать, а эта процедура занимает довольно много времени и ее нецелесообразно проводить часто. К тому же грязная собака может испачкать мебель и предметы интерьера. После прогулки достаточно снять дождевик или комбинезон, протереть его тряпочкой или постирать. Обувь собакам необходима для того, чтобы защитить от повреждения нежные лапки. Еще одно важное преимущество использования обуви для собак: зимой дороги часто обрабатывают специальными химическими средствами против обледенения, а они негативно влияют на лапы собаки.

Конечно, не стоит злоупотреблять одеждой для собак и наряжать своего питомца, как куклу без надобности. Животное понимает, что одежда — это необходимость, к тому же у вашего питомца может быть свой вкус и предпочтения. Хотя сейчас собачьи модельеры разрабатывают модели одежды, максимально комфортные для собак, попадаются такие упрямцы, которые не признают посторонние предметы на себе. Они пытаются любыми способами стянуть и сорвать с себя одежду. Эта проблема решается с помощью дрессировки. Чтобы приучить вашего питомца к одежде поощряйте и хвалите его, когда он одет. Постепенно собака поймет преимущество быть одетой. Среди собак встречаются и настоящие модники, которые любят, когда хозяева одевают им красивую одежду, им льстит внимание окружающих.

Чихуахуа — лучшее лекарство от депрессии

Вспомните: о чем вы больше всего мечтали в детстве? О преданном и надежном друге — собаке. Но не у всех эта мечта сбылась. Поэтому если у вас до сих пор нет питомца, пришло время осуществить свою детскую мечту и завести домашнего любимца. Потому что никто не сможет вам заменить собаку — ни кошка, ни попугай, ни хомячок.

Собака скрасит ваше одиночество, избавит от тоски и депрессии, станет верным другом и надежным компаньоном. Оптимальный вариант для квартиры — собака декоративной породы чихуахуа. Она очень популярна в мире, среди обладателей собак этой породы — многие знаменитости. Почему вам стоит купить чихуахуа?

Самое главное преимущество чихуахуа — маленькие размеры. По стандарту собачка не должна превышать 3 кг., но встречаются особи с весом 2-2,5 кг. и меньше. Чихуахуа — самая маленькая собака в мире. Гладкошерстные чихуахуа — чистоплотные собачки, не обладающие специфическим запахом. Их можно выгуливать, а можно приучить ходить в туалет на специальный лоток. Миниатюрные собачки не будут никому мешать даже в условиях небольшой квартиры. Изящная собачка способна подчеркнуть ваш изысканный стиль и социальный статус успешного человека.

Компактные размеры собаки позволяют брать ее с собой везде — в походы по магазинам, путешествия, поездки, командировки. Такая собачка не доставит вам проблем и на отдыхе. Чихуахуа мало кушает, поэтому она не будет обременять ваш семейный бюджет. Эти собачки, несмотря на маленькие размеры, от природы обладают отменным здоровьем и при хорошем уходе живут долго. Если вы купите щенка чихуахуа своему ребенку, он будет безмерно счастлив, а вы внесете существенную лепту в его воспитание. Ваш малыш вырастет добрым, отзывчивым и заботливым человеком.

Как правильно выбрать щенка чихуахуа

При выборе щенка чихуахуа прежде всего надо убедиться, что он здоров. Основные внешние признаки нормального состояния здоровья щенка чихуахуа: чистая блестящая шерсть, отсутствие чиханья и кашля, выделений из глаз и носа, чистые ушные раковины и кожа (без раздражений, проплешин и перхоти). Исключение — щенки с «крутым» стопом (переходом ото лба к носу) и короткой мордочкой. У них могут пережиматься слезные каналы и слезиться глаза — с возрастом это проходит.

Рекомендуем вам наглядно убедиться в нормальном стуле щенка. Это очень важный момент: если существует проблема со стулом (жидкие испражнения) — неопытному владельцу щенка будет трудно своевременно устранить этот нежелательный симптом. Щенок в возрасте 2-2,5 мес. должен быть в меру упитанный, веселый и подвижный, с блестящими глазками. Если вы затрудняетесь самостоятельно оценить состояние здоровья щенка — вам лучше прибегнуть к помощи специалиста (ветеринарного врача).

Заводчик должен обязательно проинформировать вас о сделанных прививках, противогельминтных мероприятиях и предоставить вам оформленный ветпаспорт. Поинтересуйтесь у заводчика: чем кормили щенка и придерживайтесь его советов по поводу питания (рацион и режим).

Ни в коем случае не экспериментируйте с рационом — это чревато последствиями (расстройство стула, снижение иммунитета и пр.). Подождите, пока щенок окрепнет, достигнет 3-4 месячного возраста, пройдет вакцинацию, а тогда постепенно меняйте рацион: вводите новые продукты.

Иногда даже смена марки сухого корма может вызвать расстройство пищеварения щенка, а это крайне нежелательно, особенно в период вакцинации. Если вы приобретаете щенка чихуахуа для разведения или выставочной карьеры (шоу и брид класс), помните, что щенок должен соответствовать описанию стандарта породы.

Хотя описание стандарта предназначено для взрослых собак, опытный заводчик может рассмотреть все необходимые признаки породы и у щенка. Неопытный владелец может рассчитывать только на везение и порядочность заводчика.

Признаки, по которым вы можете сами оценить качество щенка:

- хвост ровный, без утолщений и заломов, серповидный;
- отсутствие паховой или пупочной грыжи;
- прямая спина;
- хорошо выраженные скакательные суставы (не прямые);
- количество зубов: 6 в верхней и 6 в нижней челюсти;
- прямой или ножницеобразный прикус;
- красивая голова в виде яблочка, крутой стоп и короткая (не удлиненная мордочка);
- крепенькое телосложение, щенок должен быть низенький (не высокий) на ножках;
- вес щенка должен соответствовать норме.

Все перечисленные признаки не оказывают влияния на здоровье щенков — они применимы только для дорогостоящих щенков шоу и брид класса. Щенки, имеющие отклонения от нормы, должны продаваться по более низкой цене, как пэт-класс — домашний любимец.

Если вы определились с выбором щенка, заводчик должен вам предоставить следующие документы:

1. Щенячья карта: в ней указывается пол щенка, кличка, дата рождения и пр. Документ должен быть заверен печатью и подписями

руководителей кинологического клуба.

2. Ветеринарный паспорт с указанными датами вакцинации и названиями вакцины (наклейки), заверенные печатью ветклиники.

3. Устные, а лучше – письменные рекомендации заводчика по кормлению щенка, дате следующей вакцинации и дегельминтизации.

4. По желанию сторон может составляться договор купли-продажи.

Где не стоит покупать щенка чихуахуа

Если вы хотите приобрести хорошего щенка чихуахуа, конечно же, не стоит искать его на птичьем рынке. Ответственные заводчики иногда бывают на таких рынках – но для приобретения щенка вас обязательно пригласят домой, покажут родителей, остальных щенков, условия содержания и пр.

Не стоит покупать щенка чихуахуа, если в квартире или доме ужасный запах испражнений собак и грязь, животные находятся в клетках, имеют жалкий, неухоженный вид, щенки — худые с большими животами и выпирающим хребтом. Раздутый, выпирающий живот, как правило, бывает у сильно заглистованных щенков. Вас должно насторожить то обстоятельство, что хозяин не показывает вам место содержания щенков и взрослых собак, не впускает вас в дом, показывает щенков в коридоре или предлагает привезти их к вам, щенки не имеют ветеринарных паспортов.

Скорей всего в этом доме не любят собак, экономят на их содержании, но при этом не прочь затребовать с покупателя высокую цену. Вообще выращивание щенков предполагает значительные материальные затраты на их содержание, питание, приобретение витаминов, средств для вакцинации и дегельминтизации, обработки от блох и пр. Если взрослые собаки и щенки постоянно находятся в клетках, они трусливы, обладают неуравновешенной психикой, плохо социализованы.

Худоба щенков свидетельствует о том, что их недокармливали или кормили некачественным кормом. Зачастую щенков специально недокармливают, экономя на их питании, чтобы они не росли и казались меньше — под мини-стандарт. Грязь и сырость в клетках способствует развитию кожных (грибковых) заболеваний, блох, подкожных клещей, глистов и пр. Не стоит приобретать щенка в таком месте, если даже цена не высока, потому что в итоге вы можете получить «кота в мешке» – щенка, имеющего проблемы со здоровьем, который внешне весьма отдаленно напоминает чихуахуа.

Имя чихуахуа: делаем правильный выбор

Ну вот, наконец, свершилось долгожданное событие: вы стали владельцем щенка чихуахуа. Вы держите на своих руках крошечное существо, самого лучшего в мире щенка, и вам кажется, что все окружающие должны восхищаться его красотой и обаянием. У каждой собаки, как и у человека, должно быть имя (кличка) и вы его должны придумать. Удачно подобранная кличка, как нельзя лучше подчеркнет достоинства и характер вашего щенка.

Согласитесь, весьма нелепо будет звучать имя крошечного мальчика чихуахуа — Тайсон, Варвар или Турин, хотя немного креатива не помешает — имя Хаммер, Рембо, Зевс, Халк вполне может подойти. Нежной красивой девочке чихуахуа подойдет имя: Ума, Холли, Лола, Камила, Элли, Офелия, Мишель, Жасмин, миниатюрному мальчику — Бембик, Атосик (Атос), Кубик, Лютик или Гарик.

Кличка наряду с выбранной породой собаки может многое рассказать о внутреннем мире и социальном статусе ее хозяина. Любители гламура могут отдать предпочтение именам: Гуччи, Диор, Бентли, Ролекс и пр. Знатоки мифологии, возможно, остановят свой выбор на именах: Пандора, Икар, Ясон, Медея, Парис, Гектор. Любители путешествий, под стать своему увлечению, могут выбрать соответствующее имя для своего питомца: Гавана, Мехико, Калахари, Флорида, Миссури, Дакар.

Любители кинематографа и мультипликации скорей всего в качестве клички для своего питомца выберут имя любимого героя: Джери,

Анджелина, Николь, Маугли, Фиона, Бред, а поклонники фэнтези остановят свой выбор на именах: Фродо, Гермиона, Гендальф и другие.

Поклонники сложных изысканных имен к основной кличке могут добавить приставку — Очаровательный, Прекрасный, Восхитительный, Пленительный, Бесстрашный, Крошечный и пр.

Независимо от ваших предпочтений, не забывайте, что кличка для чихуахуа должна быть достаточно короткой, емкой и легко произносимой. И помните о том, что имя оказывает влияние на характер собаки: «Как вы яхту назовёте, так она и поплывёт». Надеюсь, вы сделаете правильный выбор клички чихуахуа – в этом вам поможет безграничная любовь к своему питомцу.

Кровать для чихуахуа

Если в вашей квартире или доме появился четвероногий питомец, вернее новый член семьи — его надо обеспечить всем необходимым. Забота о домашних животных является проявлением вашей любви и внимания по отношению к ним. Вы должны не только обеспечить питомцу полноценный рацион питания, но и организовать комфортное проживание его в доме, в первую очередь приготовить для него спальное место — лежак.

Если собака полюбит свое место отдыха, комфортно будут чувствовать и все остальные члены семьи — четвероногий друг не будет «путаться» под ногами и мешать всем остальным домочадцам. Особенно важен этот момент для миниатюрных пород собак, в частности чихуахуа. Для безопасности миниатюрной собачке нужен укромный уголок для отдыха, уютное гнездышко, ведь из-за крошечных размеров чихуахуа могут травмироваться, попадая под ноги хозяевам.

Отличный вариант места отдыха чихуахуа — лежак или домик из лозы.

По биоэнергетическим свойствам лоза относится к подпитывающим растениям, контактируя с которыми человек наращивает свою энергетику и повышает сопротивляемость организма к болезням. Контакт с такими растениями сопровождается ощущением прилива сил, появлением бодрости и улучшением самочувствия. Естественно, такое же положительное воздействие испытывают и домашние животные.

Еще одно важное преимущество: изделия из лозы изготавливаются вручную, т.е. они обладают положительной энергетикой — мастер вкладывает в свое творение частичку своей души. Домик или лежак для собак, изготовленный из лозы — натурального, экологически чистого материала, крепкий и одновременно — очень легкий. В отличие от изделий от пластмассы он обладает приятным запахом.

Каждый владелец собак время от времени сталкивается с проблемой переноски (перевозки) животного – к ветеринару, на дачу, к месту отдыха и т.д. Использовать с этой целью пластиковые корзины не рекомендуется: летом они очень нагреваются и могут приобретать резкий, неприятный для собаки запах пластмассы. Такие корзины-переноски не «дышат». Поэтому животное может легко перегреться и даже получить тепловой удар. Зимой корзины из пластмассы могут трескаться от мороза, они сильно охлаждаются и даже меховая подстилка не защитит собаку от холода.

В корзинах-переносках, изготовленных из лозы, собака не перегреется жарким летом и зимой ей будет достаточно тепло и комфортно. Не будут донимать вашего питомца и неприятные посторонние запахи, поэтому собака легче перенесет переезд.

Правила кормления собак

Независимо от того, чем питается ваша собака (натуральная пища или готовый корм), у нее всегда должен быть доступ к чистой, свежей воде. Миску для еды и миску для воды надо регулярно мыть, чтобы в них не скапливались бактерии.

Не кормите собаку перед прогулкой или другой физической нагрузкой. Чтобы избежать заворота кишок, не следует кормить собаку сразу после занятий дрессировкой, длительной прогулки и активных игр. Это заболевание очень опасно, так как не поддается лечению и приводит к смерти собаки. Заворот кишок может возникать у любых собак, но больше всего этому заболеванию подвержены: немецкая овчарка, борзая, доберман, боксер. Поэтому кормите и поите собаку только спустя 1,5 – 2 часа после физической нагрузки. Если вы кормите собаку натуральной пищей, она не должна быть горячей или холодной.

Не следует перекармливать своего питомца. Переедание еще больше опасно, чем недоедание. Ожирение очень вредно для суставов и сердечно-сосудистой системы собаки.

Щенкам и беременным сукам, питающимся натуральной пищей домашнего приготовления необходимы витамины и минералы. Не забывайте давать витамины своему питомцу, но при этом не допускайте передозировки.

Не оставляйте недоеденный корм. Если собака не съела пищу, подождите 10-15 минут и уберите миску. В следующее кормление уменьшите порцию корма.

В жару некоторые собаки отказываются от еды, не настаивайте и не уговаривайте животное кушать.

Не давайте питомцу кусочки со своего стола, иначе у собаки закрепится привычка попрошайничать.

Кормите собаку в определенном месте, в одно и тоже время.

Никогда не давайте своему питомцу испорченных продуктов.

Переход с кормления натуральной пищей на готовый корм должен быть постепенным.

Не нарушайте эти простые правила, помните: здоровье вашего четвероногого друга зависит только от вас. Ваша собака полностью вам доверяет, поэтому вы должны заботиться о ней и кормить ее правильно. Запрещенные продукты или чем нельзя кормить собаку:

• Некачественными и испорченными продуктами — это приводит к серьезным желудочно-кишечным расстройствам и пищевым отравлениям.

• Свининой — слишком жирное мясо создает большую нагрузку на печень собаки.

• Трубчатыми костями — они имеют очень острые края, поэтому могут поранить желудок и кишечник собаки и стать причиной запоров.

• Сладостями — от них у собак часто «текут» глаза.

• Сырой речной рыбой — нередко она бывает поражена личинками гельминтов.

• Вареной речной рыбой — в ней много мелких костей.

• Некачественным или испорченным сухим кормом — это даже хуже чем некачественные натуральные продукты. Готовый корм является благоприятной средой для различных микроорганизмов. Они с успехом размножаются в корме при нарушении условий хранения.

• Фасолью, горохом и другими бобовыми — эта еда не предназначена для собак, так как у них недостаточно хорошо выводятся газы из кишечника.

• Алкоголем — в организме животных алкоголь не расщепляется, они быстро привыкают к нему и становятся алкоголиками.

• Острыми продуктами и специями, раздражающими слизистую желудка — это может стать причиной язвы желудка и гастрита.

• Солеными продуктами — пища сама по себе содержит достаточно соли для организма собаки. Ее избыток может стать причиной отложения солей и повышения артериального давления.

• Жирными и жареными продуктами – они оказывают слишком большую нагрузку на печень.

Голубые страсти: чихуахуа эксклюзивного голубого окраса

Думаю, что каждому владельцу собаки декоративной породы подсознательно хочется, чтобы его питомец был самым красивым и имел превосходный внешний вид. И это естественное желание, ведь собака декоративной породы — это не только друг и компаньон, но и предмет гордости и обожания своего хозяина. Согласитесь, приятно, когда вы, являясь обладателем красивой собачки, ловите восхищенные взгляды окружающих и в любой обстановке неизменно находитесь в центре внимания. Это повышает ваш социальный статус и самодостаточность.

Собачка, которая не оставит никого равнодушным — чихуахуа эксклюзивного голубого окраса. Чем же отличаются чихуахуа голубого окраса от своих собратьев? Все собаки породы чихуахуа являются в своем роде уникальными и особенными. Голубые чихуахуа выделяются своим очень редким окрасом — серебристо-серым с синеватым отливом. Голубые щенки чихуахуа могут быть получены в результате вязки черно-подпалых, шоколадных и даже палевых родителей, несущих в линии наследия голубой ген. Голубой чихуахуа может иметь два или три цвета в своем окрасе, например, голубо-подпалый или голубо-подпалый с белыми отметинами.

Голубых чихуахуа вряд ли можно найти на обычных рынках по дешевой цене, так как это очень редкие представители породы, которые высоко ценятся в мире. В экономически развитых странах они могут продаваться ориентировочно за 10 тысяч долларов, в зависимости от степени популярности породы в той или иной стране. В настоящее время собаки породы чихуахуа очень популярны в Японии. В этой стране на чихуахуа тратится около 10 млрд. долларов в год: имеются в виду расходы на приобретение, содержание и уход.

Что лучше: готовый корм или натуральная пища?

Чтобы собака была здоровой, активной и выглядела великолепно, надо соблюдать определенные правила ее кормления. Их немало, но основное — это то, что рацион вашего питомца должен быть сбалансированным, полнорациональным, т.е. он должен содержать все необходимые питательные полезные вещества – белки, жиры, углеводы, минералы и витамины.

Все владельцы собак делятся условно на три группы в зависимости от типа кормления своих питомцев. Существуют следующие типы кормления собак:

- натуральной пищей;

- готовыми кормами;

- натуральной пищей и готовыми кормами поочередно (смешанное кормление).

У каждого начинающего собаковода возникает закономерный вопрос: что лучше для собаки — кормление готовыми кормами или натуральной пищей? И какой корм полезней? Приверженцы кормления натуральной пищей будут утверждать, что этот вариант оптимальный и самый лучший. Впрочем, и те, кто предпочитает кормление готовыми кормами, будут утверждать, что это полезно. Поэтому неопытному собаководу трудно разобраться — какой способ лучше и какой вид кормления полезней.

Чем вы будете кормить свою собаку, решать только вам. Умный человек всегда собирает информацию, анализирует ее и делает правильные выводы. У обоих видов кормления существуют сильные и слабые стороны, вот об этом вы должны знать, чтобы принять правильное решение.

Натуральная пища домашнего приготовления полезна для собаки в том случае, если она сбалансирована по содержанию питательных веществ. Добиться этого довольно трудно. Если у вас только одна собака — эту задачу еще как-то можно решить. А если собак несколько и надо учитывать особенности каждой, приготовить сбалансированный рацион практически невозможно или это займет массу времени. Ситуация осложнится, если собака повязана или в доме появились щенки. Вам каждый день надо будет высчитывать содержание в пище витаминов и минеральных веществ. Положительная сторона кормления натуральной пищей — вы готовите рацион сами и контролируете его качество.

Советы владельцам собак

Кормить собаку сухим кормом очень удобно. Готовый корм содержит все необходимые минералы и витамины, готовить его не надо. Единственное условие — готовый сухой корм должен быть высокого качества. Если финансовые возможности не позволяют вам приобретать дорогой корм — лучше давайте питомцу натуральную пищу. Запомните: хороший корм дешевым не бывает.

Если вы хотите кормить собаку правильно, прислушайтесь к нашим советам:

Не приобретайте корм на развес — он довольно быстро портится, так как находится в магазинах в открытых мешках.

Подбирая готовый корм своему питомцу, учитывайте его индивидуальные физиологические особенности: возраст, физическое состояние, образ жизни и пр.
Никогда не смешивайте готовый корм с натуральной пищей, например, кашей. Такое кормление не принесет собаке никакой пользы — пища усваиваться не будет.

Если вы все-таки хотите кормить собаку комбинированно — чередуйте дни кормления готовым кормом и натуральной пищей. Но не давайте корм и натуральные продукты одновременно.

Стоимость чихуахуа

Довольно часто будущих владельцев чихуахуа интересует вопрос: какова реальная стоимость чихуахуа и почему существует такой разбег цен на щенков чихуахуа? К примеру, цены на щенков чихуахуа без документов в Москве колеблются от 250 до 700 у.е. Если вы покупаете щенка в 2-х месячном возрасте — у щенка должен быть ветпаспорт и как минимум одна прививка. И хотя ветпаспорт документом происхождения не является, при покупке животного требуйте оформленный соответствующим образом данный документ. Щенков без ветпаспортов и щенячьих карточек в основном продают на птичьих рынках по «приемлемой» цене.

Если стоимость щенка чихуахуа в известном питомнике Вам не по карману, т.е. вас интересует вариант «подешевле», а щенок вам нужен не для племенного разведения и выставочной карьеры — присмотритесь к недорогим щенкам с недостатком, если такие есть на данный момент в питомнике. Под такими «недостатками» имеются ввиду следующие особенности:

- перекус;

- залом хвоста;

- короткий хвостик;

- недокус;

- большие залысины на груди, голове, животе.

Щенки с недостатками стоят недорого, так как они не подходят для разведения и выставочной карьеры — их продают в качестве «домашних любимцев».

Стандартный щенок чихуахуа без дефектов, вес которого во взрослом виде будет составлять 2-3 кг. обычно стоят 250-700 у.е. Цена стандартного щенка чихуахуа без дефектов обычно не бывает меньше 250 у.е. Щенки чихуахуа шоу-класса обычно вырастают меньше, чем стандартные, поэтому их часто называют мини или супермини щенками. Вес таких собачек как правило составляет менее 2-х кг. — идеал породы чихуахуа.

Мини собачки идеально походят для выставочной карьеры. Они обычно обладают бойким, куражным, общительным характером, имеют пропорции, практически точно приближенные к описанию стандарта чихуахуа. Такие щенки самые дорогие. Стоимость мини и супермини щенков чихуахуа без недостатков, с устойчивой психикой колеблется от 1000 у.е. до 2000 у.е. Цена мальчиков чихуахуа обычно меньше, чем девочек, гладкошерстные щенки востребованы больше, чем длинношерстные.

Мини чихуахуа являются прекрасными компаньонами, их можно брать с собой повсюду — они не доставят вам никаких проблем. И конечно же такой щенок не может стоить 150-200 у.е. — за мини чихуахуа вам придется заплатить солидную сумму. Хотя не менее печальный вариант, когда за 400-500 у.е. вам продадут щенка, который вырастет весом 3-3,5 кг. и внешне отдаленно будет соответствовать описанию стандарта чихуахуа.

Если на данный момент вам не доступна цена мини щенка — лучше подождите полгода или год. Ведь собачка при хорошем уходе проживет с вами не менее 13-15 лет. Поэтому к выбору щенка подходите с умом, чтобы не испытать разочарования и горечь от бессмысленно потраченных денег.

В моей практике был случай: ко мне обратилась женщина, у которой уже была девочка чихуахуа стандартного размера. Женщина не хотела расставаться со своей собачкой. Влюбившись в эту породу, она захотела завести еще одну девочку чихуахуа — мини размера. Поэтому не наступайте на те же грабли: если вы хотите иметь породного мини щенка чихуахуа — не спешите, выбирайте тщательно. Спешите покинуть то место, где на ваши вопросы неуверенно пожимают плечами или делают недовольный вид.

О типах чихуахуа

Как известно, для каждой породы собак существует определенный стандарт. Если собака ему соответствует — она признается породной и может участвовать в выставках и племенном разведении. Это правило распространяется и на чихуахуа. Однако, невзирая на то, что существует строго прописанный стандарт породы чихуахуа, клубы и заводчики условно делят чихов на официально непризнанные типы — Дир и Кобби. Эта классификация также широко применяется для манипуляций и «маркетинговых ходов» на рынке собак.

Cobby Type: чихуахуа этого типа отличаются крепким, плотным, коренастым телосложением. Чишки типа кобби имеют следующие внешние особенности:
- объемная грудная клетка;
- большая, объемная голова, большие глаза, небольшого размера оттопыренные уши, широкие возле основания;
- глаза и уши широко посажены;
- короткая, широкая шея;
- ровная спина, соответствующая стандарту;
- небольшие, широко расставленные короткие лапы;
- плотный, толстый хвост;
- достаточно жесткая, густая шерсть с хорошо развитым подшерстком;

- движения чихуахуа типа кобби отличаются порывистостью и энергичностью, при беге ярко выражен толчок задними лапами.

Чихов типа Дир часто называют оленевидными (от английского слова «deer»), так они напоминают крошечных оленят. Внешне чихуахуа этого типа отличаются от типа кобби, им присущи следующие черты:
- большие уши и небольшая головка, челюсть — менее массивная, морда — более длинная, чем у чихуашек типа кобби;
- грудная клетка не такая большая и объемная, как у особей типа кобби;
- невысокие тонкие лапы, менее угловатые, походка чихуашек типа Дир выглядит легкой;
- хвост — более тонкий и длинный, толчки задних лап слабее, шаг — короче, поэтому иногда кажется, что чихуахуа типа дир семенят ногами;
- шерсть не такая густая, подшерсток почти отсутствует.

На сегодняшний день среди заводчиков и экспертов оба типа признаются стандартом породы, однако тип кобби — предпочтительней. Тем не менее, надо подчеркнуть, что кроме вышеперечисленных двух типов чихуахуа, других не существует. Остальные выдуманные названия и типы являются блефом, «маркетинговой» выдумкой недобросовестных продавцов, позволяющей продавать щенков, не соответствующих стандарту по завышенной цене неосведомленному покупателю.

Лже типы чихуахуа

На рынке вы можете встретить псевдо чихуахуа, которых недобросовестные продавцы могут наделять экзотическими наименованиями, например:

- аборигенный тип: якобы чихуашки этого типа были привезены из Мексики – родины чихов. Главная отличительная черта этих особей — острая морда, круглая голова, узкопосаженные уши и глаза, небольшие размеры собаки, в сочетании с избыточной массой тела. Хвост таких собачек зачастую закручен и может лежать на спине;
- экстремальный тип: собаки этого лже типа отличаются очень маленькими головками, выпученными огромными глазами, тонкими лапами. Зачастую им присуща карликовость. Они напоминают рисованных комических персонажей чихуахуа;
- экзотический тип: экстремальные чихуашки, для которых вдобавок характерны еще меньшие размеры;
- England-Chi: чрезмерно массивное крупное телосложение, грубые, толстые кости, массивное тело и конечности, избыточный вес;
- Classic-Type: напоминают чихуашек типа Дир, но для них характерна достаточна простая форма головы. Собаки такого лже типа могут иметь чрезмерно длинную или нестандартную тупую морду, неправильные углы конечностей и осанку.

Размеры чихуахуа

Любители «карманных собачек» знают, что чем меньше размер животного — тем выше цена. Хотя, если у вас нет опыта содержания мини чихуахуа — не стоит гнаться за слишком маленькими размерами. Ультра мини собачки могут иметь проблемы со здоровьем. В зависимости от веса чихуашек различают несколько категорий собак этой породы.

Чихуахуа, вес которых составляет менее 1,5 кг., относятся к категории супер мини. Собачки весом 1,5-1,8 кг. — к категории мини, 1,8-2,3 — мелкий стандарт, 2,3-3 кг. стандарт. Чихуахуа весом менее 1,5 кг. — супер мини размера, менее жизнеспособны, поэтому для них необходим особый уход и режим питания. Такой собачке не следует разрешать спрыгивать самостоятельно с дивана, так как она склонна к травмам конечностей. Чихуахуа мини размера склонны к простудным заболеваниям, продолжительность их жизни обычно меньше, чем у собратьев стандартного размера.

Особые требования предъявляются к режиму питания мини чихуахуа: в миске такой собачки постоянно должен находиться корм, желательно — натуральная пища. Если крошечная супер мини чихуашка долгое время будет оставаться без еды — у нее может начаться приступ гипогликемии из-за снижения уровня сахара в крови и в дальнейшем — потеря сознания. Например: хозяина целый день не было дома и он забыл оставить корм своему крошечному питомцу или из-за отравления собачка отказывается от пищи и пр. Супер мини чихуахуа рекомендуется ежедневно поддерживать уровень сахара в крови небольшой порцией меда.

Собачки супер мини размера являются прекрасными компаньонами, они не требуют выгула. Обычно мини чихуашки ласковы и обладают куражным, общительным характером. Если вы все-таки решили приобрести супер мини чихуахуа — не оставляйте крошку без присмотра и внимания на длительное время.

Чихуахуа категорий мелкий стандарт и мини — оптимальный вариант домашнего любимца. С одной стороны они более выносливые и здоровые собачки, с другой — благодаря небольшим размерам они являются отличными компаньонами и могут сопровождать хозяина повсюду. Если вы подбираете кобеля — племенного производителя, вам также лучше остановить свой выбор на категориях мини и мелкий стандарт. Слишком крупные кобели не востребованы в качестве племенных производителей, а слишком маленьким довольно сложно завоевать чемпионский титул.

Чихуахуа стандартного размера — это уже не крошечное, умилительное существо, которое на протяжении всей своей жизни внешне напоминает щенка, а маленькая собачка. Свой выбор стоит остановить на чихуахуа стандартного размера в том случае, если в доме есть маленькие дети. Собачкам мини и мелкий стандарт малыши могут неосознанно нанести вред. Суки такой весовой категории идеально подходят для разведения, так как крупной собачке намного легче выносить и родить многоплодный помет.

i want morebooks!

Покупайте Ваши книги быстро и без посредников он-лайн – в одном из самых быстрорастущих книжных он-лайн магазинов! окружающей среде благодаря технологии Печати-на-Заказ.

Покупайте Ваши книги на
www.more-books.ru

Buy your books fast and straightforward online - at one of world's fastest growing online book stores! Environmentally sound due to Print-on-Demand technologies.

Buy your books online at
www.get-morebooks.com

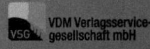

VDM Verlagsservicegesellschaft mbH
Heinrich-Böcking-Str. 6-8   Telefon: +49 681 3720 174   info@vdm-vsg.de
D - 66121 Saarbrücken   Telefax: +49 681 3720 1749   www.vdm-vsg.de

Printed by Books on Demand GmbH, Norderstedt / Germany